AF358535

VERSOS DEL AMOR LUMINOSO

LUIS ALBERTO LAMBEA

VERSOS DEL AMOR
LUMINOSO

EXLIBRIC

ANTEQUERA 2020

VERSOS DEL AMOR LUMINOSO
© Luis Alberto Lambea
Diseño de portada: Dpto. de Diseño Gráfico Exlibric

Iª edición

© ExLibric, 2020.

Editado por: ExLibric
c/ Cueva de Viera, 2, Local 3
Centro Negocios CADI
29200 Antequera (Málaga)
Teléfono: 952 70 60 04
Fax: 952 84 55 03
Correo electrónico: exlibric@exlibric.com
Internet: www.exlibric.com

Reservados todos los derechos de publicación en cualquier idioma.

Según el Código Penal vigente ninguna parte de este o
cualquier otro libro puede ser reproducida, grabada en alguno
de los sistemas de almacenamiento existentes o transmitida
por cualquier procedimiento, ya sea electrónico, mecánico,
reprográfico, magnético o cualquier otro, sin autorización
previa y por escrito de EXLIBRIC;
su contenido está protegido por la Ley vigente que establece
penas de prisión y/o multas a quienes intencionadamente
reprodujeren o plagiaren, en todo o en parte, una obra literaria,
artística o científica.

ISBN: 978-84-18230-16-5
Depósito Legal: MA-409-2020

Nota de la editorial: ExLibric pertenece a Innovación y Cualificación S. L.

LUIS ALBERTO LAMBEA

VERSOS DEL AMOR
LUMINOSO

A Rosa María,
intensamente.

«Amor in altra parte non mi sprona,
né i pie sanno altra via, né le man come
lodar si possa in carte altra persona».

Francesco Petrarca: *Canzoniere* (97)

LOS INICIOS

15

ESPERA

Tiempo detenido
en la inercia de los días.

Desgranado en nostalgias.

Hasta que vuelvas.

INMENSIDAD

(en paroxismo)

No quiero humillar a nadie,
pero nada me puede importar,
salvo tu persona.

¡Qué minúsculo
el resto de los mundos,
los afanes que levantan!

ORACIÓN

Pansélinos:

Luna llena que no entendía,
máscara griega de ocultos temores,
hada de ignotas sublimidades,
grácil bacante conmovedora...

Tan alta en su cielo,
tan dentro de mí.

DEDICATORIA

A este solo amor
que no querría
clandestino vagar
en la incertidumbre
temosa de su destino
y que enciende,
sin embargo,
de jubilosa dicha
cada breve instante
junto a él compartido.

DESEO

Hombro donde te apoyes,
al que le digas confidente:
me das la vida,

quiero ser.

Esmeralda ilusión
que reconforte
tu corazón lastimado.

HISTORIA

Los labios que representan la ternura
del amor nada sabían, antes de conocerte.

Los labios que representan la ternura
a tus melados acentos, hoy se han rendido.

SEMEJANZAS

Un animalillo que en la noche
pacífico dormita,
eres tú, amor mío;
nube que cruza
    llevando en el seno
fecundas primicias de juventud.

RENDIMIENTO

Me gusta estar a tu sombra
y devoto contemplar
como te mueves
(ágil de espíritu)
por los aledaños
de lo cotidiano,

mientras preparo
las caricias que premien
tanta hermosura.

DECLARACIÓN

Yo de tu amor
no he de curarme,
pues al candor
de tus labios
   (ascuas de nieve...)
ya firmemente
vivo enlazado.

VELADA

29-09-2006

Fusión de mundos
    (gimnásticas figuras
    surcando espacios)
con titubeantes
e inesperadas caricias
urdimos en el abrazo,
sin saber que tal dicha
el tiempo nos deparase.

¿Te acuerdas?

25

PLENITUD

Si tú inmortal fueses
agradecería a este vivir mío
su latir incierto
y, negando mis ambiciones,
émulo de Ronsard,
humilde te serviría.

PARA UN FINAL FELIZ

Aquí la perpetua
primavera del beso,

el tiempo que fue ingrato

y su hoy definitivo
desdén.

ANATOMÍA

Gaviotas cursivas
bajo el terso
páramo de una frente
se han alzado,
en pos de las frondas
tupidas de sus cabellos,

mientras,

sutiles pestañas
en negro perfiladas,
por los bordes
esquivos del párpado,
en estores bordan
discreta filigrana,

tras la que, los breves
espejos en azogue
de dos pupilas,
ansían inmensidades.

Su boca:

Imán indefectible
para la dulzura.

Sinuosa clámide
ligada a lo gustoso.

Honda gruta defendida
por pétalos de calma.

Húmedo géiser
sensible a las caricias.

Graciosa *mohineta*
que con la impaciencia,
el temor, los sueños
o el pensamiento,
en tus mejillas un casto
fuego has encendido,

concédeme,

si tal pudieras,
la dicha de contemplar
—en visos de tu tez—
el paso incierto de los días
que dictan las facciones
y afirman tus miradas.

Áncoras rutilantes
asidas al balanceo
imperceptible
del lóbulo.

Que con el tintineo
jovial de sus dijes,
de blandos cartílagos
atisban las espirales,
y en las remotas
honduras del tímpano,
escuchan el rumor
atenuado del orbe.

Livianas bagatelas
de luz tornasolada
que a los primores
del instante ponderan.

He pulsado
con las yemas de mis dedos
la dúctil pujanza
de su cuello, sintiendo
como, tras los pliegues
de tan frágil tallo,
un respirar contenido
fluía

para después,
ebrio ya por los aromas
de su cuerpo fragante,
con la fe y los temores
del devoto y el vencido,
a los pies de sus cabellos
el delicado contorno
de la nuca besar.

Hombros alabeados
que por los hábiles
dedos de un orífice
fuisteis torneados.

Cúspides radiosas
en tersos omoplatos
que límpidas avivan
las horas muertas.

Hercúleos resortes
diligentes en alzar
la sublime cadencia
de unos brazos.

Abre,
no tímidamente,
sino de par en par
hacia mí tus brazos,
y envuélveme cálida
en la fragancia
—intensa siempre—
de tus blondas axilas.

Porque a la demanda
de un plácido afecto
tornen a vibrar los aires
en absorto regocijo,
y súbita estremezcas
con morosas caricias,
las fibras sensibles
del corazón.

Sus falanges
finas y espigadas,
los blandos nudillos,
la muñeca exigua...

En el estrecharse
dulce de las manos,
son presagio
de un íntimo tañer
que, ya colmado,
languidece.

De su presencia
el claro argumento.

37

Íntimo regazo,
el seno.

Cálice opulento
de alegres caricias.

Núbil y emotivo
al bullir los besos.

En noches náufragas,
audaz velero.

Oquedad de niñerías,

umbilical vestigio
de la génesis

(amadísima)

de los ancestros,

órfico botonzuelo
temeroso:

ombligo.

Improntas del ánima
por tus formas rememoro:

en los surcos del costado
que en penumbras acaricio;

en la mullida epidermis
que al tacto, combada
se distiende;

en el sereno candor
de tu vagar ensimismada.

Vientre:

Trémula epifanía
en que se aúnan
rigor y sentimiento.

Esquife solar
tras lúdica
espuma pensativa.

Vórtice fulgente
que en lasitud
se remansa.

41

Oh, montecillo salado.
Puerto de mis dulzuras.

De Venus la diadema.
Del cuerpo la fruición.

Curvado planisferio
que a la arrogancia
de la espalda sostiene.

Fruto en sazón
que un furor devoraría
si límites no tuviese.

Intrincado sendero
para los ritos
extasiados del tálamo.

Pozo de intimidad
entre velados marfiles.

Turbio me sumo,
feroz me debato,
entre los muslos
perlados de la amada.

Aspirando intrépido,
por su dúctil silueta,
los tenues efluvios
del paroxismo.

Ignaro de a donde
la erógena pulsión
en su piel florecida
habrá de llevarme.

Hiedras sigilosas
a las foscas arboledas
del sueño enlazadas.

Dóricas columnas
ornadas por el vítreo
rocío noctambular.

Sólidos baluartes
del movimiento
y las fintas.

Piernas
de ardiente ufanía
en su belleza.

45

Andariegos incansables,
tus piececitos amados,
en livianas zapatillas
o confortables botines,
nunca dejan de moverse.

Paso a paso componiendo
con dinámica apostura,
¡qué tenaz podometría!,
la música del camino.

DÁDIVAS/INTIMIDAD/AFANES

DÁDIVAS

I

Tú ennobleces el don.

El bello objeto
en un estante posado,
pasó ligero a tus manos,
y ellas
acá lo trajeron.

Por eso,
en agradecimiento,
quién hoy lo recibe,
ensalza la materia
que tu generosidad
ha bendecido.

II

Ritos del aguador:
tinajas que llenando
y rellenando voy
para tu ameno deleite.

El agua fresca en tu boca
proclama mi rendimiento.

51

INTIMIDAD

I

Labios con labios
lentamente unidos,
en un hondo deliquio
extasiados...

Y las landas de un desnudo
que se observa complacido.

II

Después de...

Sudorosos,
abrazados en silencio.

¿Podría alguna palabra
expresar lo que sentimos?

III

Bajo esas ropas
la belleza absoluta
de los cuerpos exaltados,
la inquieta añoranza
en efímera dicha
de un latir acompasado,
el suspenso discurrir
junto a unos labios
en rubor enajenados.

AFANES

I

A tu paso

arden los pabellones
miríficos del deseo,

saltan los candados
de la falsa virtud

y en mélico resonar
voltean las tardes.

II

Acariciarte:
un medir sílabas

¡tacto encendido!

...sobre tu piel.

III

Este profundo anhelar
en días de zozobra
—por rara conjunción—
al goce de un éxtasis
imprevisto te lleva,
del que (súbitamente
esclarecido) renaces.

IV

Cómicos son los hoyitos,
las rayitas y los pliegues
que los años, por capricho,
en las laderas cobrizas
de tu piel han dibujado.

Y galana la sonrisa
con que disimular tratas
la inseguridad creciente,
ante el que piensas turbio
mermar de tus encantos.

V

Largo el tacto de la noche,
el rito nupcial de caricias
que los cuerpos ofrecen.

Denso el ósculo febril
esparcido en sombras
que perfilan hermosura.

Honda la sima amorosa
que junta dos latires
unísonos al deleite.

VI

Cuerpo efusivo en mis manos.

En el saber, floreciente.
De añoranzas, reinventado.

Nimbo sutil del asombro
que a las entrañas conturba.

Para las confidencias
el refugio más verdadero.

Puntal del sueño infinito.

INTERLUDIO

PROPÓSITO

Concede valor a lo exiguo.

Como ese gorrión
—artesano del cielo—
que porta en su pico
ínfimas ramitas.

MIGRACIÓN

Rombo de pájaros
por el cielo.

Vibrante tumulto
abigarrado y veloz.

Súbito escenario
(entre transparencias)
para el asombro.

SUGERENCIA

Puedes complacerte
con la efímera
flor del cactus.

Observar
como pugna por asir
la cálida luz celeste.

Breves días
la Naturaleza
le ha concedido.

No es por eso
menor su belleza.

IMAGEN

Alas de mariposa
—en leve muselina—
forman dos pechos.

Diurna simpatía
que a cielo abierto
tu pensar dulcifica.

SECUENCIA

...pues el canto
—venero recóndito—
nace de las hondas
simas del sentir,
rasga la veladura
brumosa del lenguaje,
abre a la fantasía
ignotos umbrales,
transita libre
los aledaños
de la desmesura...
....
...es fragmento
impalpable
de la eternidad.

RECONOCIMIENTO

Por ti miro las adelfas
de los arcenes
con ojos nuevos.

Pues sus nombres y formas
—de alba simplicidad—
una tarde de junio
tú me enseñaste.

TRANSFIGURACIÓN

Grillos: duendes
de la noche.

Mayestáticos
trovadores de lo arcano
que en lo oscuro,
insomnes,
reveláis la belleza.

MIRLOS

De pronto,
en medio del aguacero,
te has detenido
y miras fijamente,
entre la espesura,
las ociosas aves
que por los jardines
revolotean.

Calada tienes la ropa,
la garganta dolorida,
pero al girarte
esbozas una sonrisa
-cómplice-
que me envuelve.

Y absorto pienso,
mientras los anaranjados
picos siguen brincando,
si quizás envidias
la libertad pletórica
que, pese a los rigores
del cielo, sus alas
despliegan.

SUCESO

Retoñan en primavera
los secos geranios.

Lentamente,
tras el verde,
en tonos rosados florecen.

PÁLPITO

Por toda obsesión
la mar inaprensible,

el gríseo horizonte infinito
donde bogan las barcas.

ASPIRACIÓN

Lirones:

¡Quién pudiera descubrir
su dulzura en las cosas!

Emulando su vigor
y atenta diligencia.

¡Y vincularse al fin
con todo lo sensible!

A MEDIA VOZ

RECOGIMIENTO

Duermes,
ceñida por los céfiros
estivos del anochecer,
con la leve vestidura
de unas braguitas.

Y tu cuerpo
candoroso
—en paz sumido—
entre púdicos sueños
alienta sosegado.

TERPSÍCORE

Risueña Piéride,
adepta al desdén
de toda pretensión
de lucimiento,
bailas.

Aplicada
a los pasos y giros
en que se expresa
—vivaz— la rauda
melodía.

Con la gracia inocente
del entusiasta aprendiz.

ELOGIO

Sentir en tu cuerpo yacente
la grandeza del universo.

Blanca y velazqueña Venus
que con tu desnudez vences
al tiempo fugaz en los espejos.

DESVELAMIENTO

Esta piel cándida y suave
que con unción voy palpando
entre sus pechos y el pubis,
es síntesis delicada
de sutiles armonías.

Ladera de un cielo ausente
que en su soñar se complace.

TEMORES

En tu otoño melancólico,
con las medias distancias
y sin retoques digitales,
tu belleza sostienes.

Rehuyendo pudorosa
la incómoda cercanía
del invasivo foco.

DEVOCIÓN

Entre simas y espesuras
sucumbo aliviado.

Y a sus íntimas demandas
denodado atiendo.

TU VOZ

> Tu voz, el más sutil de los vientos.
> ANTONIO COLINAS

Pienso en tu voz,
en su peculiar acento,
en la armonía y dulzura
que dentro de sí contiene.

Pienso en la esencia
cálida y subyugante,
en el raro equilibrio
que la hizo tan hermosa.

Pienso en todo lo que,
tras tantos años
de tierna intimidad,
al escucharla evoca.

DUDA

Con los huesos tan livianos
por endógena dolencia,

¿serás pronto, mi pequeña,
en ligera piel mudada,
un celestial angelito?

REGAÑINA

Tu bolso grande y distinguido,
de útiles compartimentos,
abierto suele estar cual fiera
que sus fauces mostrase,
empeñado en ser, por tu descuido,
dilecto escenario
para cualquier ladrón.

INQUIETUD

Corres tras un sueño esquivo
ansiando, y también temiendo,
el arribar de las sombras,

cual princesa abrumada
por un mágico hechizo
que insomne la encadenase.

VIS ERÓTICA

Y ahora tu cuerpo,
tendido a la claridad
sedosa del alba,
se alonga en un éxtasis
de inquieto respirar.
Y por el liso abdomen
convulso baja
hacia las piernas
—muslos lúbricos
que en la caricia
musitan sus ansias—
el súbito temblor
de la velada
sima rugosa
que a ser tomada,
por mi celo,
otrora se resistía.

PERCEPCIÓN

Mi alma reconoce
esos latidos,

el pujante verdor
que en sus facciones
—d i s t e n d i d a s—
instaura el alborozo.

ROMANCE

Cajita de besos que soñadora
me pedías.

Parvo tesoro que conmovido
te ofrecí.

En el cálido lecho
que la luna celaba.

CONFESIONES

I

Deuda de amor
son estos versos.

Hábil coartada
para decirte
mis sentimientos
más escondidos.

94

II

No tengo raíces:
eres mi destino.

III

Pienso en ti.
Intensamente.

Sueño contigo.
Sin medida.

¡A qué fausta
desmesura
tu ausencia

(que a veces
en espíritu
diríase presencia)

me ha llevado!

IV

La inmortalidad que puedo ofrecerte:

Glosar,
con audaces palabras de embeleso,
la pulquérrima arquitectura
que a tu belleza sustenta.

Ahondar,
henchido de palpitante amor,
en el espíritu tierno y reservado
con que solícita me abrumas.

V

Eres el preciso contrapunto
a mi soledad inaprensible:
rama de la que penden los frutos
granados de mis ensoñaciones.

VI

Te amo
porque amo tu espíritu.

No solo por el afán
de esa efímera materia
que, tras la muerte,
acaba siendo un cuerpo.

VII

Un temblor por el torso
tus manos acrecientan
y son suma delicia,
al tiempo consagradas,
las lentas caricias
que sensitiva
me entregaste,
para que,
en sincopado
espasmo sumido,
solazarme implore
con la ansiada plenitud
que sabia demoras.

VIII

Solo creo en lo íntimo:
en la azarosa realidad
que tu ser me transmite.

IX

Amo la ternura
cercana de tu cuerpo,

el lánguido aroma
de tus labios convulsos,

el vasto misterio
que al sonreír ocultas.

X

El solo deseo de verte llegar,
de que cruces
el férvido umbral de esta puerta,
de que mis manos pueblen
los últimos rincones de tu nombre.

XI

De ti dependo.
En ti confío.

¿Sientes cómo,
en el común decurso
de los días, los vínculos
que nos unieron
se han reforzado?

XII

Amor me limita.

En su presencia
temo ser importuno
y estando ausente
que me desdeñe.

Y sin embargo,
en este trance febril
de incertidumbre
vivir prefiero,

pues con tal celo
su actitud me ocupa
que en seno avoca
dilatado el tiempo.

XIII

Nada exijo,
todo lo ofrezco.

Si te das,
yo te acepto.

Mutua cortesía
en que el Ser
completo
entregamos:

sin reservas,
con presteza.

XIV

Frente a tus emociones,
indefenso.

Junto a tu cuerpo,
exaltado.

¿Siempre temblando
habrás de verme?

XV

No quiero que mi brazo,
al estrechar tu costado,
te pese

ni que mi ardor,
agreste en la intimidad,
te lastime,

pues,
        humilde,
solo deseo
incitarte al regocijo.

XVI

Por ti
hablo de amor.

Por mí
sonríes complacida.

Lazos de palabras
y sentires vamos
tejiendo los dos.

XVII

Distante mas no ausente.

Prófugo de la distancia,
a donde estuvieras
desiderativo
            iría.

XVIII

Hontanar de sencilla
sabiduría,

engarce de belleza
desmesurada.

Tú,

sucinto compendio
de nítidas perfecciones
que amo.

RUEGOS/PREGUNTAS/AMOR

RUEGOS

I

Dos palabras
y un solo deseo compartido
por bocas que de amor
suspiran:

¡Quédate conmigo!

II

No te muestres
amor mío
—en la luz—
depauperada.

El ánimo levanta,
niña hermosa,
no sea que con tu dolor
me mates.

Pues a tu lado
mi corazón
herido está de embeleso
por solo mirarte.

III

Dame el mirar, los gestos
de mujer enamorada.

¡Su cálida luz verdadera!

La confianza absoluta
que no concibe traición.

PREGUNTAS

I

¿Qué nos une
sino el milagro
de unas sendas
que se entrecruzan,

el libre deseo
de compartir
los mutuos
latidos del alma,

el raro desvelo
por una felicidad
hasta ayer inasible?

II

¿Quién podría
medir el arrebato
que guía los sentidos,
y afanes sofocando,
atemperar sus desvelos;
cuando la flor amada
—en prendas y atavío
de excelsitud—
airosa se revela,
y divino el sello
de su esplendor exhibe?

AMOR

I

Se trata de no saber
y estar seguro,
de suspirar
aun siendo dichoso,
de temblar
por solo un gesto,
de enmudecer
cuando gritar querrías,
de servir
y besar rudas cadenas.

II

De un ancho seno
el duro desdén
padeces.

En ojos serenos
un lánguido edén
bendices.

Unas veces sufriendo
y otras gozando
los humores diversos
del voluble rapaz.

EPÍLOGO

(Paisajes compartidos)

ACOTACIÓN

Australopithecus afarensis hallado en Kenia,
popularmente conocido como Lucy.
Yacimientos de Atapuerca (Burgos)

No eres tu nombre.

Aunque, remota e íntima
esencia indagada,
por convención o costumbre
lo digan
y en sus tesis evolutivas,
a menudo, te invoquen.

No,
no eres tu nombre.

(Agosto 2007)

124

LLAMADA

Castillo artillado de San Felipe,
Los Escullos (Almería)

¿Has visto la negrura sin troneras,
el horizonte omiso de una estancia?

¡Ven!

(Marzo 2008)

REVELACIÓN

Valle del Guadalhorce
(Málaga)

Flanqueada por mimosas
enuncias la armonía
cromática del paisaje.

Donde gualdas flores
silvestres pincelan
los taludes
y,
símiles de roquedos,
las ocres ovejas
pacen.

(Marzo 2009)

PASEO

Calle Císter (Málaga)

Está la tarde engañosa
y hasta la claridad,
en el súbito anochecer,
es una quimera.

Otoño,
seis horas desde el mediodía.

Por húmedas calles desangeladas
caminamos.

(Noviembre 2009)

RÁFAGAS

Islandia, en duermevela.

El sueño
borra el recuerdo del sueño,

pero,

bajo la casi volátil
aguanieve islandesa,

quedará el pequeño
trípode sacro

y el temblor de tu rostro
aterido y vacilante.

(Mayo 2010)

DIEZ POEMAS INVERNALES DEL PANTANO DE LA VIÑUELA

I

APUNTE

El pantano

El agua opresa del embalse,
en la brumosa noche invernal,
es un rasgado espejo silente
—réplica de luces y montañas—
suspendido en la oscuridad.

(Diciembre 2008)

II

INCITACIÓN

Accesos

Busca el ciprés
de paz austera
en los caminos.

Su firme alzarse
(menhir o vela
prendida en aires)
por obra humana.

(Diciembre 2010)

III

POSTAL

Desde una terraza

Agujas de pinos
y frondas de palmeras
violentan los remolinos
de un gélido Poniente.

Y allende, en las aguas,
las blancas cabrillas
que forman los vientos
orilladas desfallecen.

Que al verdor de la arboleda
—¡idílico paisaje!—
una postdata de azules
y blancos diseminados
pone el límpido embalse.

(Febrero 2016)

IV

PERMANENCIA

Jardín

Aún pájaros
súbitos vuelan
entre los árboles
y las cornisas,
inflamando
en lírico trinar,
las tardes esclarecidas.

(Diciembre 2010)

V

ESTIAJE

Entorno

Huyen en vapor las aguas
de este mar interior.

Duro y agrietado yace
el barro en las laderas.

Y soñando humedades
la tarde gris se desnuda

bajo un mustio cielo
sin nubes precursoras.

(Diciembre 2015)

VI

DESDÉN

Erial

Cardos secos y terrosos
en las veredas.

Vuestra figura
imagen usual es
de lo marchito,
del hondo dolor,
del olvido.

Plantas, al fin,
por la luz estival
vencidas,
y que tan solo
desprecio padecéis.

Pues ya nadie os recuerda
en abril florecidas.

(Enero 2013)

VII

NOCTURNO

Aldea de Los Romanes

Un collar de gemas abierto
sobre vagas simas de azur.

Bajo un áureo manto
de estrellas fijas
que en la inmensidad
rutilan.

(Diciembre 2013)

VIII

RETORNO

Rebaño

Hoy vuelves a contemplar,
en la distancia, el pacer
sereno de unas ovejas,

su arcádica pastoral
de mansa tersura
dispersa entre las breñas,
el rítmico titilar
de cencerros y balidos
que las anuncia...

Y conmovido, otras tardes
brumosas y frías,
del pasado evocas.

(Enero 2017)

IX

DILEMA

Los alrededores

Entre dos sendas,

¿seguir el ascenso
transitado y sin brozas

o el declive
solitario y sinuoso?

... ...

¿Es la elección
decisiva?

¿Indiferente?

(Diciembre 2008)

X

ESPLENDOR

Umbral del Hotel La Viñuela

Tras bordura de arriates
unos peces,
ajenos en el limo
al sonar de surtidores,
en un calmo estanque
se solazan;
mientras abejas,
entre lavandas
de polen bullentes,
liban y esparcen —cual tú
con ojos en paisaje—
profusa belleza.

(Enero 2013)

ESTAMPA

Avda. Sor Teresa Prat
(Málaga)

Brillos dorados en las copas
—altiva compostura—
de las tipuanas.

(A tu espíritu el sosiego
y la aceptación del mediodía
le embargan).

(Mayo 2010)

DESLUMBRAMIENTO

Arroyo Frío, sierra
de Cazorla (Jaén)

Junto a las pozas
verdinas del cauce
se atisba el resplandor
único de los chopos.

En el lento atardecer
de un estío enconado,
sus hojas y ramajes
mecidos por la brisa
musitan los dialectos
ignotos del silencio.

(Agosto 2010)

TRES IMÁGENES
DEL RÍO SEGRE

Desde el Hotel Real,
Avda. Blondel (Lleida)

I

Tras densas arboledas
plata impetuosa fluye
hacia su ocaso.

II

Más plata.
Y algún oro
(al anochecer)
por la luz
de unas farolas.

141

III

Los plátanos de sombra
del bulevar permanecen,
por las torrenteras
se dispersa el río
y el elíseo jardín,
cual cofre acerrojado,
recóndito hipnotiza.

(Julio 2013)

DOS VISIONES SORIANAS

I

CONTRASTE

(«Leyenda 15ª» de Bécquer /
Machado y Leonor)

Arcos de San Juan del Duero
junto a San Polo y Saturio,

escenario de leyendas
y senda de enamorados.

Arcos de San Juan del Duero
junto a San Polo y Saturio,

tristes espectros que gritan
y afines sombras unidas.

Por discordias y una banda.
En recuerdo de un romance.

II

SENCILLEZ

Cementerio del Espino:
tibia mañana estival;
concierto de gorriones.

Entre las tumbas humildes
de largos recordatorios,
en lápida blanquecina,
un dolor habla bajito:

A LEONOR,
ANTONIO.

(Julio 2014)

OBSERVACIÓN

Loma de la Cruz,
Frigiliana (Málaga)

Fíjate que el mar y el cielo
tienen un mismo color.

Azules son tras la bruma
que oculta al vago horizonte.

(Abril 2015)

AMANECER

Jimena de la Frontera

(Cádiz)

Montañas en silueta
bajo un éter de fulgor.

Plácida quietud
de la vida.

A lo lejos,
un burro rebuzna
y un gallo,
pujante, le responde.

Repica severa
una campana.

La oscuridad,
en tránsito, fenece.

(Agosto 2015)

TRES NOCTURNOS

Para Antonio Colinas

I

DUETO

Molino del Puente,
Dúrcal (Granada)

Agua que suena en la noche
alrededor de las piedras
y que a dos voces alberga
a grillos que nunca enmudecen.

¡Aliento de la cascada!
¡Rondador de las riberas!

Bajo estas hondas penumbras
os siente el alma extasiada.

(Agosto 2016)

II

CONTEMPLACIÓN

Sierra del Jaral (Cádiz)

Silente,
intenso sortilegio del ocaso
que el místico cantara.

Una nubosa claridad,
una diáspora de estrellas fulgurantes
besan el delicado perfil de las montañas.

Y la noche es ámbito temporal
donde tiemblan las preguntas.

(Diciembre 2017)

III

REGRESO

La Viñuela (Málaga)

Parece que en la noche
algo hemos perdido.

Se fueron las referencias
precisas de la luz.

Pues un cielo tenebroso
en ausencia ocupa
todo el espacio.

(Diciembre 2017)

PRESENCIA

Parque San Arcadio,
Osuna (Sevilla)

El olivo centenario,
nudoso el tronco
y anclado firmemente
al suelo, vive.

Huérfano de palomas,
pájaros y niños,
como el lejano jardín
donde habita.

El viejo olivo
—solitario e ignorado—
en la víspera solar
del Día de Todos los Santos.

(31 octubre 2016)

EVOCACIÓN

Punta Camarinal, playa
de Bolonia (Cádiz)

Al pie del acantilado,
la plata del sol,
tiñe las aguas de iridiscente
seda infinita.

Por dunas y pinares
con sonoro rumor
habla el viento.

¡Lento el día
ardiendo está
en sus hogueras!

Desde la arena
—flexible el talle—
hacia un paraíso de espumas
te veo marchar.

(Agosto 2017)

Índice

www.ingramcontent.com/pod-product-compliance
Lightning Source LLC
LaVergne TN
LVHW040137180726
843489LV00005B/1808

9788418230165